For all the children who suffer Nonketotic Hyperglycinemia
with strength and grace I can only admire.
We're fighting for a cure, hold tight little ones x

Për të gjithë fëmijët të cilët vuajnë nga Nonketonic Hyperglysinemia,
ju admiroj për fuqinë dhe kurajon. Ne po luftojmë për të gjetur një kurë,
duroni dhe pak vogëlushë x

Written + illustrated by Elly Gedye
Translated by Armela Sinanaj
www.booksForWednesdays.com

Copyright © 2017 M Gedye
All rights reserved.

ISBN-13: 978-1-915064-13-4

eva the adventurer
aventurierja eva

by Elly Gedye, who hopes kids continue to adventure, even when they're grown up.

Nga Elly Gedye, e cila shpreson që fëmijët të vazhdojnë aventurat e tyre edhe kur ata të rriten.

This is Eva.
Eva likes to go on adventures.

Kjo është Eva.
Evës i pëlqen të shkojë në aventura.

Some days Eva is an astronaut flying to the moon.

Disa ditë Eva është një astronaute e cila fluturon në Hënë.

Some days Eva is a mountain climber climbing ginormous mountains.

Disa ditë Eva është një alpiniste e cila ngjit male shumë të larta.

Some days Eva is a pilot
flying loop-de-loops.

Disa ditë Eva është një pilote
e cila fluturon rreth e qark.

Some days Eva is a conductor leading amazing orchestras.

Disa ditë Eva është një dirigjente e cila udhëheq orkestra të mrekullueshme.

Some days Eva is an engineer building fancy bridges.

Disa ditë Eva është një inxhinjere duke ndërtuar ura të bukura.

Some days Eva is a singer singing opera songs.

Disa ditë Eva është një këngëtare duke kënduar opera.

Some days Eva is a train driver driving fast trains.

Disa ditë Eva është një shofere trenash duke ngarë trena të shpejtë.

Some days Eva is a scientist curing rare diseases.

Disa ditë Eva është një shkencëtare duke kuruar sëmundje të rralla.

Some days, after being an astronaut,
a mountain climber, a pilot,
a conductor, an engineer, a singer,
a train driver and a scientist...

Disa ditë, pasi ajo ka qenë një astronaute,
një alpiniste, një pilote, një dirigjente,
një inxhinjere, një këngëtare, një shofere
trenash dhe një shkencëtare...

Eva is ready for bed.

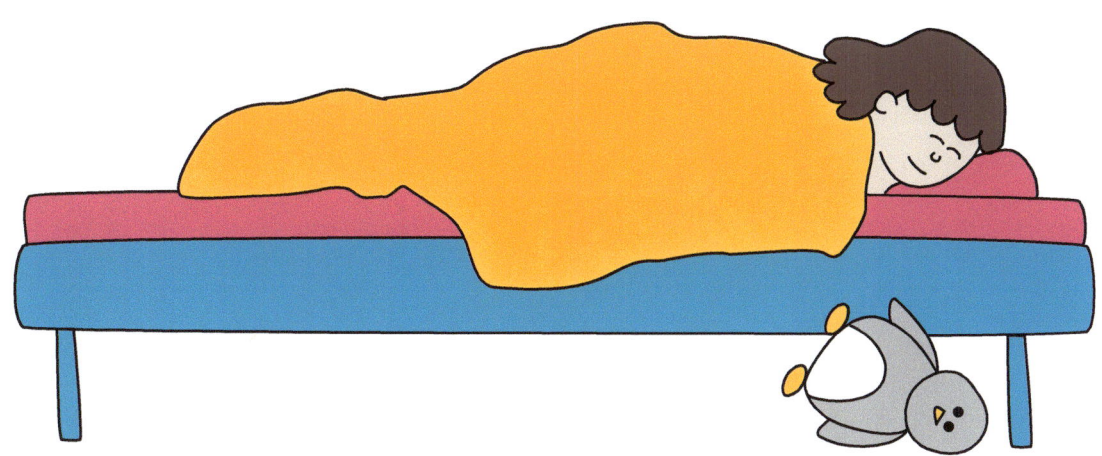

Eva është gati për në shtrat.

the end.
fund.

This book supports Team Mikaere and Joseph's Goal - a charity for children with Nonketotic Hyperglycinemia (NKH). A rare and terminal metabolic disorder.
Thank you for helping fund a cure for our children.

Ky libër mbështet Team Mikaere dhe Joseph's Goal – një shoqatë bamirësie për fëmijët me Nonketotic Hyperglycinemia. Një çrregullim metabolik i rrallë dhe i pakurueshëm.
Faleminderit që ndihmuat në mbjedhjen e fondeve për të gjetur një kurë për fëmijët tanë.

www.teammikaere.com
www.josephsgoal.org

This book is bilingual - sharing the love of languages and learning. Woop!
Thank you to all the volunteer translators - we couldn't have done this without you.

For other languages, please visit:
www.booksForWednesdays.com